Impressum
Verlag: BABADADA GmbH, Nedderfeld 112 , 22529 Hamburg
Geschäftsführer / Verlagsleitung: Harald Hof
Druck: Books on Demand GmbH, In de Tarpen 42, 22848 Norderstedt

Imprint
Publisher: BABADADA GmbH, Nedderfeld 112 , 22529 Hamburg, Germany
Managing Director / Publishing direction: Harald Hof
Print: Books on Demand GmbH, In de Tarpen 42, 22848 Norderstedt

escuela
school

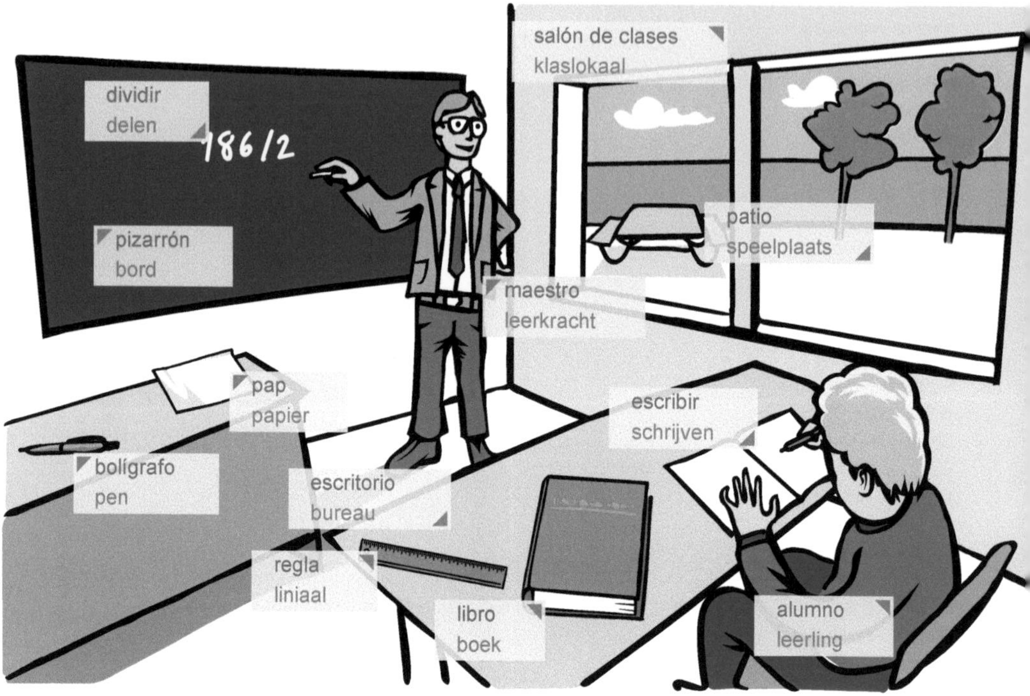
salón de clases
klaslokaal
dividir
delen
186/2
pizarrón
bord
patio
speelplaats
maestro
leerkracht
pap
papier
escribir
schrijven
bolígrafo
pen
escritorio
bureau
regla
liniaal
libro
boek
alumno
leerling

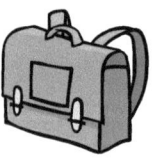

mochila

schooltas

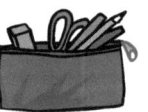

caja de lápices

pennenzak

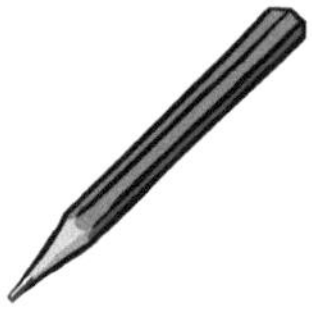

lápiz

potlood

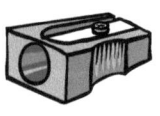

sacapuntas

puntenslijper

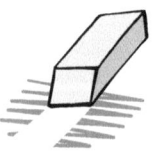

goma de borrar

gom

bloc de dibujo

tekenblok

dibujo
tekening

pincel
verfborstel

caja de lápices de color
verfdoos

tijeras
schaar

pegamento
lijm

libro de ejercicios
werkboek

tarea
huiswerk

número
nummer

sumar
optellen

restar
aftrekken

multiplicar
vermenigvuldigen

calcular
rekenen

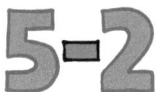

letra
letter

alfabeto
alfabet

palabra
woord

texto

tekst

leer

Lezen

tiza

krijt

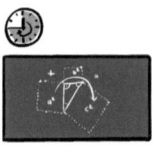

lección

les

cuaderno de clase

klassenboek

examen

examen

certificado

certificaat

uniforme

schooluniform

educación

onderwijs

enciclopedia

encyclopedie

universidad

universiteit

microscopio

microscoop

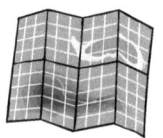

mapa

kaart

bote de basura

papiermand

viaje
reis

hotel
hotel
Grand
hostel
jeugdherberg
ROOMS
casa de cambio
wisselkantoor
EXCHANGE
maleta
koffer
carro
auto

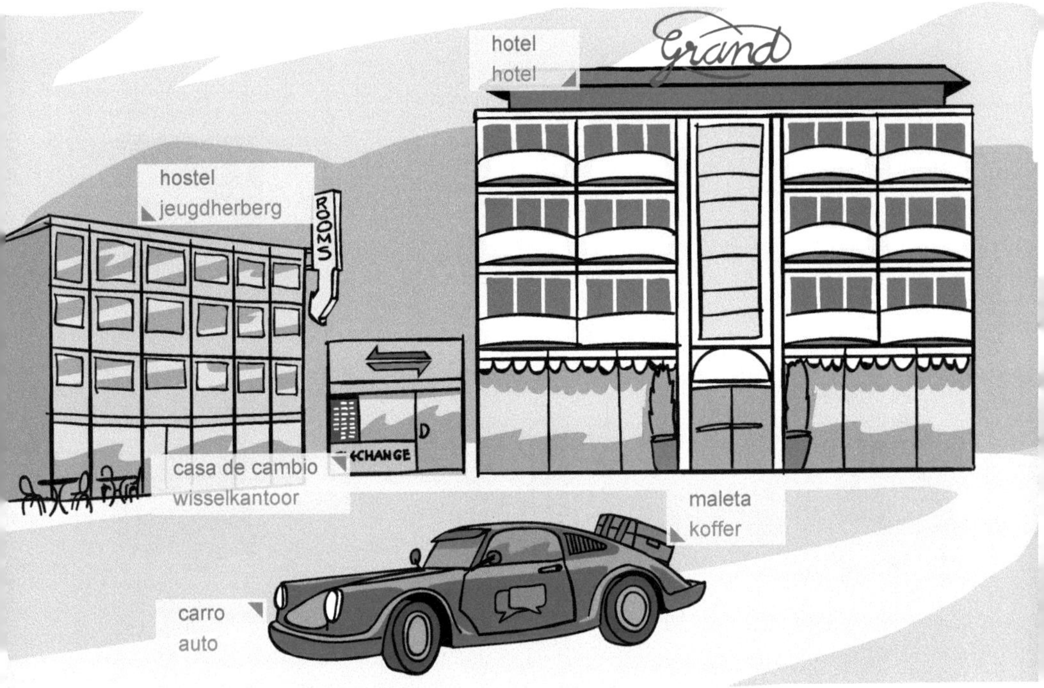

idioma

Taal

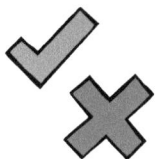

sí / no

ja / nee

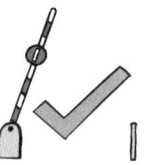

Órale

oké

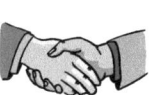

hola

hallo

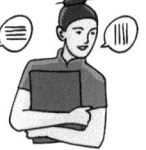

traductor

vertaler

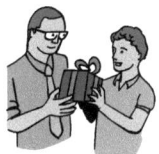

Gracias

bedankt

¿cuánto cuesta…?

Hoeveel kost …?

No entiendo

Ik begrijp het niet

problema

probleem

¡Buenas tardes!

Goedenavond!

¡Buenos días!

Goedemorgen!

¡Buenas noches!

Goedenavond!

adiós

Tot ziens

dirección

richting

equipaje

bagage

bolsa

zak

mochila

rugzak

invitado

gast

recámara

kamer

bolsa de dormir

slaapzak

tienda de campaña

tent

información turística

toeristeninformatie

playa

strand

tarjeta de crédito

kredietkaart

desayuno

ontbijt

almuerzo

lunch

cena

avondeten

billete

ticket

ascensor

lift

sello

postzegel

frontera

grens

aduana

douane

embajada

ambassade

visa

visum

pasaporte

paspoort

transporte

transport

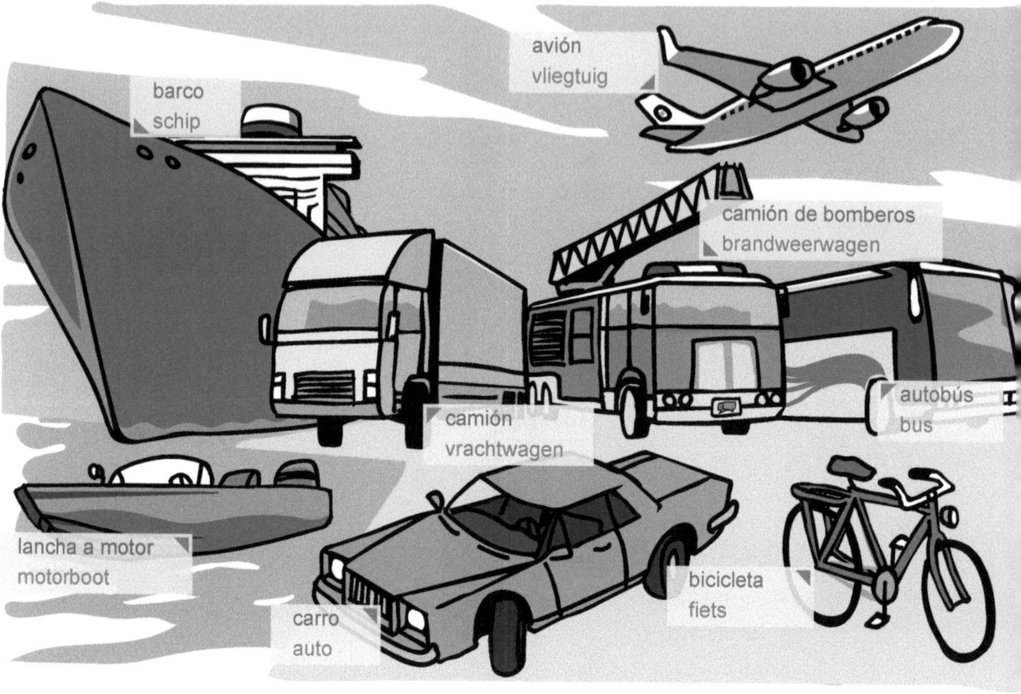
avión
vliegtuig
barco
schip
camión de bomberos
brandweerwagen
autobús
bus
camión
vrachtwagen
lancha a motor
motorboot
bicicleta
fiets
carro
auto

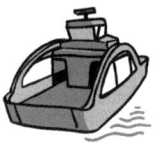

ferry

veerboot

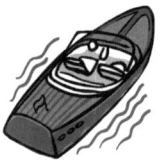

bote

boot

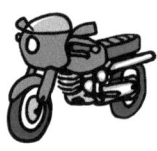

motocicleta

motor

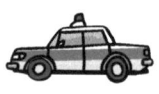

patrulla

politiewagen

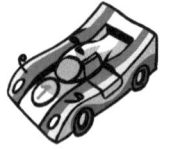

coche de carreras

racewagen

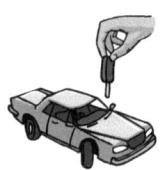

auto para rentar

huurauto

renta de autos

carpoolen

grúa

sleepwagen

camión recolector de basura

vuilniswagen

motor

motor

gasolina

benzine

gasolinera

benzinestation

señal de tráfico

verkeersbord

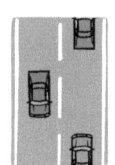

tránsito

verkeer

embotellamiento

file

aparcamiento

parkeerplaats

estación de tren

station

vías

sporen

tren

trein

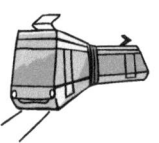

tranvía

tram

vagón

wagon

helicóptero

helikopter

aeropuerto

luchthaven

torre

toren

pasajero

passagier

contenedor

container

caja de cartón

karton

carretilla

kar

cesta

mand

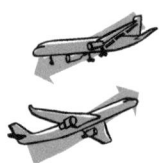

despegar / aterrizar

opstijgen / landen

ciudad
stad

pueblo

dorp

centro de ciudad

stadscentrum

casa

huis

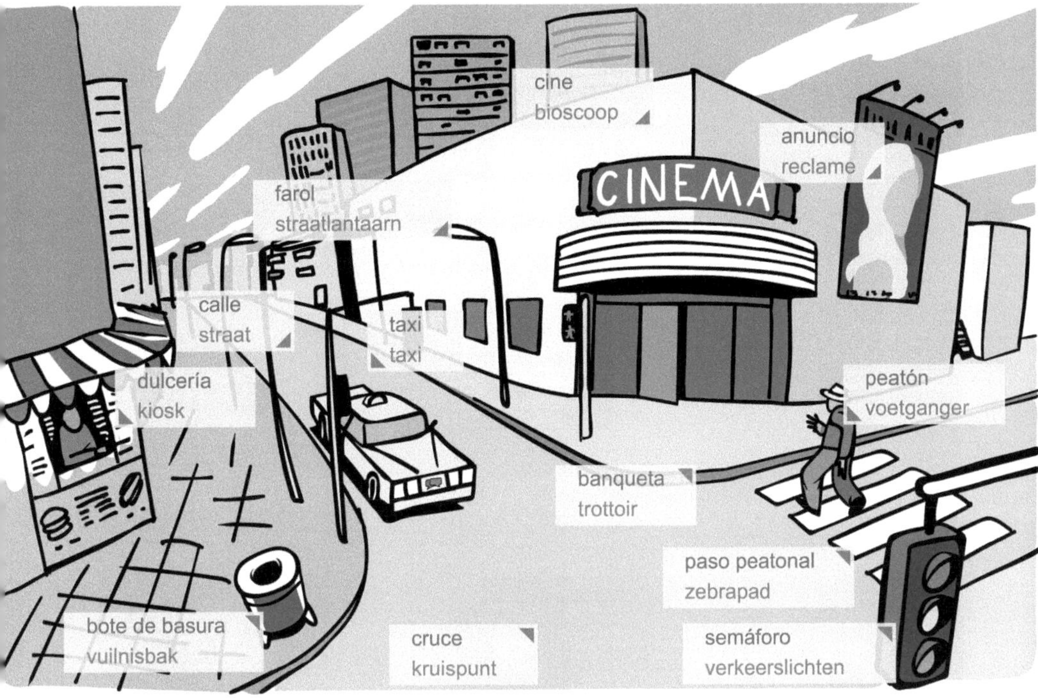
cine
bioscoop
anuncio
reclame
CINEMA
farol
straatlantaarn
calle
straat
taxi
taxi
dulcería
kiosk
peatón
voetganger
banqueta
trottoir
paso peatonal
zebrapad
bote de basura
vuilnisbak
cruce
kruispunt
semáforo
verkeerslichten

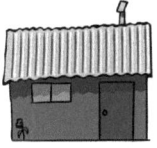

cabaña

hut

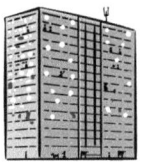

apartamento

woning

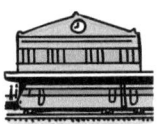

estación de tren

station

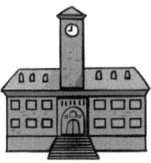

ayuntamiento

stadshuis

MUSEUM

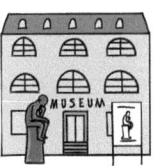

museo

museum

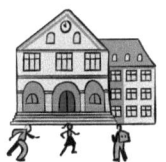

escuela

school

universidad

universiteit

banco

bank

hospital

ziekenhuis

hotel

hotel

farmacia

apotheek

oficina

kantoor

librería

boekwinkel

tienda

winkel

florería

bloemenwinkel

supermercado

supermarkt

mercado

markt

grandes tiendas

warenhuis

pescadería

vishandelaar

centro comercial

winkelcentrum

puerto

haven

parque

park

banco

bank

puente

brug

escaleras

trap

metro

metro

túnel

tunnel

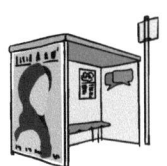

parada de autobús

bushalte

bar

bar

restaurante

restaurant

buzón

brievenbus

letrero

straatnaambord

parquímetro

parkeermeter

zoológico

zoo

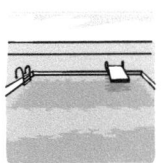

alberca

zwembad

mezquita

moskee

granja
boerderij

contaminación
milieuverontreiniging

cementerio
kerkhof

iglesia
kerk

área de niños
speelplaats

templo
tempel

paisaje
landschap

hoja
blad

señal
wegwijzer

camino
weg

pradera
weide

piedra
steen

caminante
wandelaar

árbol
boom

río
rivier

pasto
gras

flor
bloem

valle
vallei

montaña
heuvel

lago
meer

bosque
bos

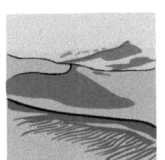

desierto
woestijn

volcán
vulkaan

castillo
kasteel

arco iris
regenboog

champiñón
paddenstoel

palmera
palmboom

mosquito
mug

mosca
vlieg

hormiga
mier

abeja
bijl

araña
spin

escarabajo

kever

rana

kikker

ardilla

eekhoorn

erizo

egel

liebre

haas

lechuza

uil

pájaro

vogel

cisne

zwaan

jabalí

wild zwijn

ciervo

hert

alce

eland

embalse

dam

turbina eólica

windturbine

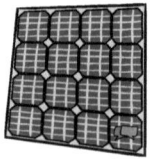

pansolar

zonnepaneel

clima

klimaat

restaurante
restaurant

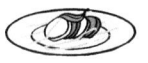

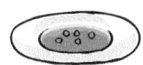

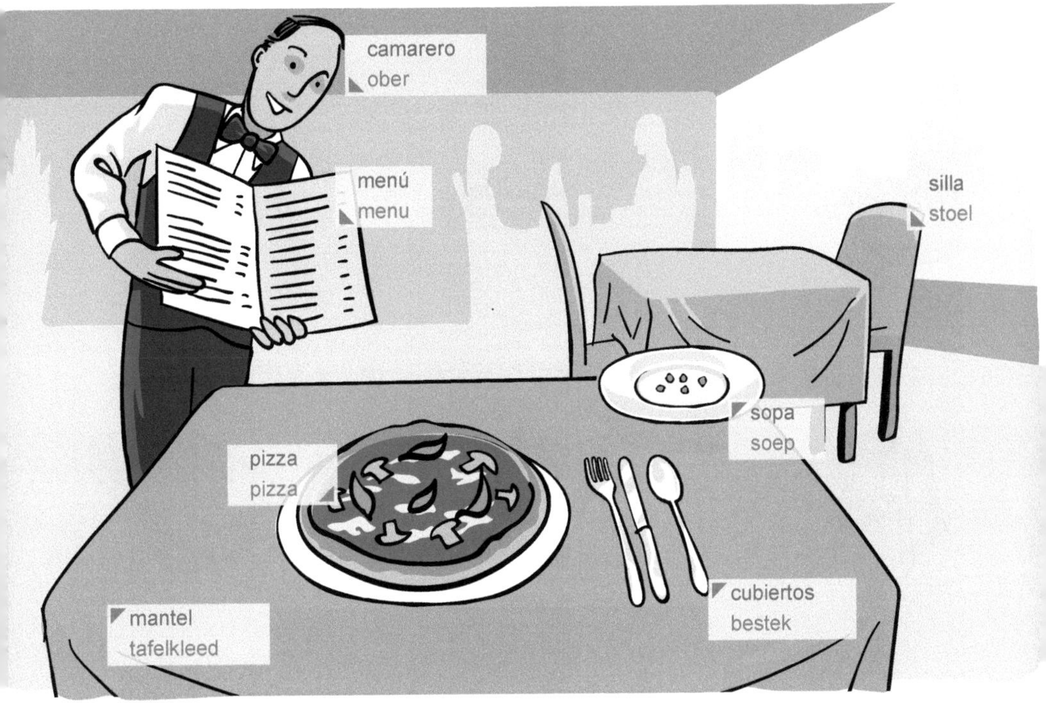
camarero
ober
menú
menu
silla
stoel
sopa
soep
pizza
pizza
cubiertos
bestek
mantel
tafelkleed

entrada
voorgerecht

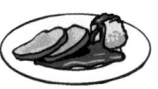

plato fuerte
hoofdgerecht

postre
nagerecht

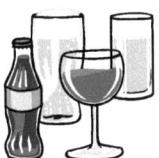

bebidas
drankjes

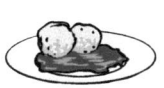

comida
eten

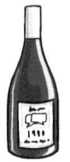

botella
fles

comida rápida

fastfood

comida de calle

street food

tetera

theepot

azucarera

suikerpot

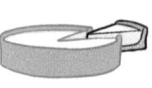

porción

portie

cafetera espresso

espressomachine

periquera

kinderstoel

cuenta

rekening

charola

dienblad

cuchillo

mes

tenedor

vork

cuchara

lepel

cuchara de té

theelepel

servilleta

serviette

vaso

glas

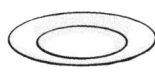

plato

bord

plato hondo

soepbord

plato

schoteltje

salsa

saus

salero

zoutvatje

molino para pimienta

pepermolen

vinagre

azijn

aceite

olie

especias

kruiden

kétchup

ketchup

mostaza

mosterd

mayonesa

mayonaise

supermercado
supermarkt

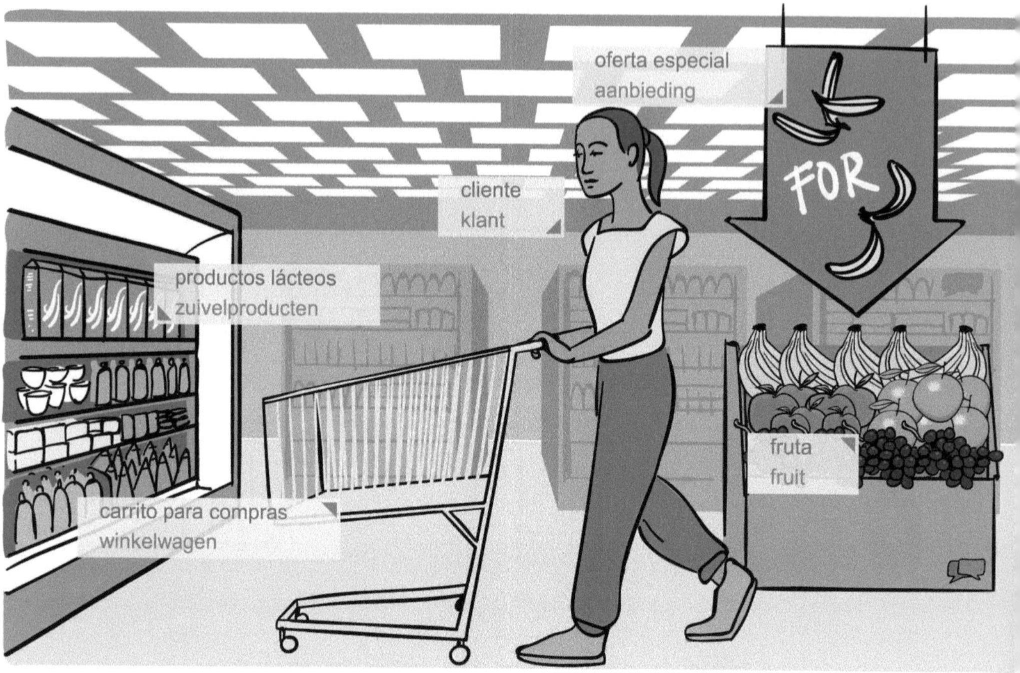

oferta especial
aanbieding
FOR
cliente
klant
productos lácteos
zuivelproducten
fruta
fruit
carrito para compras
winkelwagen

BUTCHERS

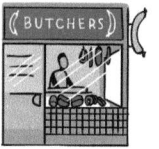

carnicería

slagerij

BAKERY

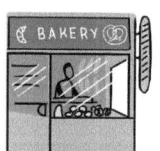

panadería

bakkerij

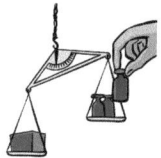

pesar

wegen

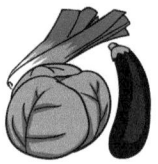

vegetales

groenten

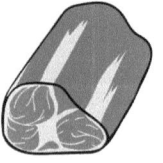

carne

vlees

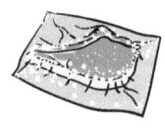

alimentos congelados

diepvriesvoedsel

carnes frías

charcuterie

alimentos enlatados

conserven

detergente en polvo

waspoeder

dulces

snoep

electrodomésticos

huishoudproducten

productos de limpieza

schoonmaakproducten

vendedora

verkoopster

caja

kassa

cajero

kassier

lista de compras

boodschappenlijstje

horario de atención al público

openingstijden

cartera

portefeuille

tarjeta de crédito

kredietkaart

bolsa

tas

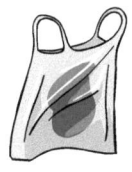

bolsa de plástico

plastieken zakje

agua

water

jugo

sap

leche

melk

refresco de cola

cola

vino

wijn

cerveza

bier

alcohol

alcohol

cacao

cacao

té

thee

café

koffie

espresso

espresso

cappuccino

cappuccino

plátano

banaan

manzana

appel

naranja

sinaasappel

melón

meloen

limón

citroen

zanahoria

wortel

ajo

knoflook

bambú

bamboe

cebolla

ajuin

champiñón

champignon

nueces

noten

fideos

noodles

espaguetis

spaghetti

arroz

rijst

ensalada

salade

patatas fritas

frieten

patatas fritas

gebakken aardappelen

pizza

pizza

hamburguesa

hamburger

emparedado

sandwich

filete

kalfslapje

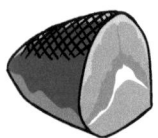

jamón

ham

salami

salami

salchicha

worst

pollo

kip

asado

braden

pescado

vis

copos de avena

havervlokken

muesli

muesli

copos de maíz

cornflakes

harina

bloem

cuernito

croissant

bolillo

pistolet

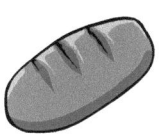

pan

brood

tostada

toast

galletas

koekjes

mantequilla

boter

cuajada

kwark

pastel

taart

huevo

ei

huevo frito

spiegelei

queso

kaas

helado

ijs

azúcar

suiker

miel

honing

mermelada

confituur

crema de chocolate

choco

curry

curry

granja
boerderij

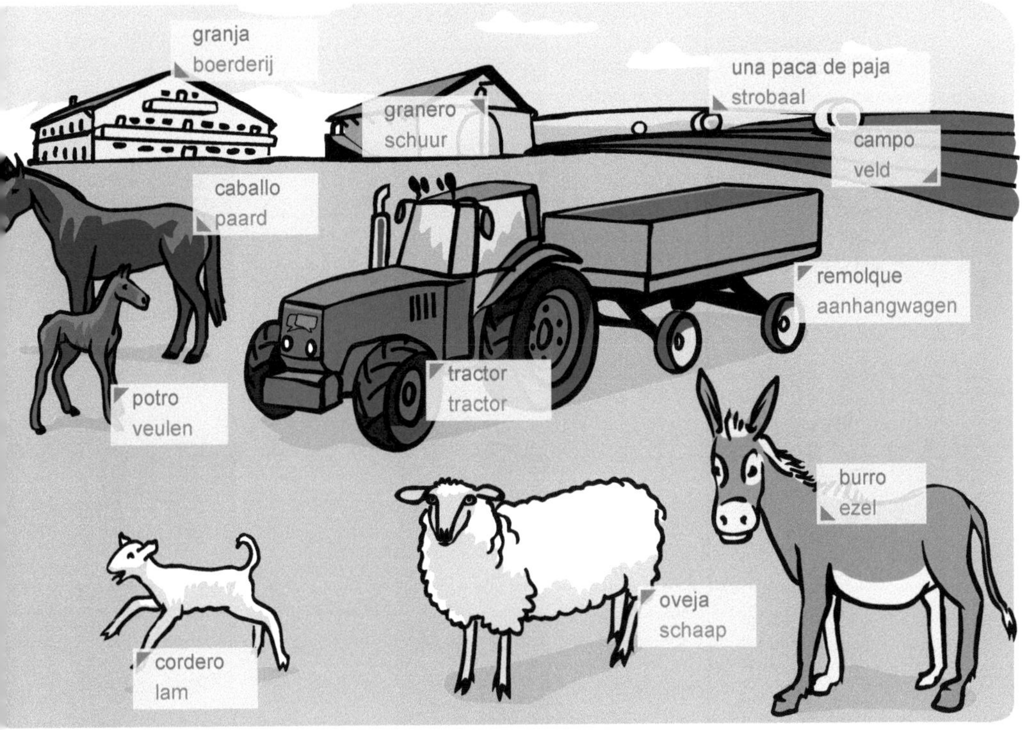
granja
boerderij
granero
schuur
una paca de paja
strobaal
campo
veld
caballo
paard
remolque
aanhangwagen
tractor
tractor
potro
veulen
burro
ezel
oveja
schaap
cordero
lam

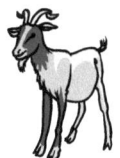

cabra

geit

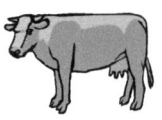

vaca

koe

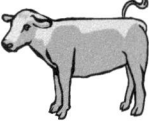

ternero

kalf

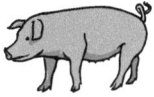

cerdo

varken

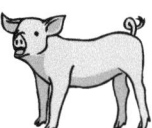

lechón

biggetje

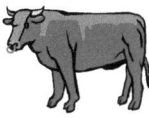

toro

stier

ganso
gans

pato
eend

pollo
kuiken

gallina
kip

gallo
haan

rata
rat

gato
kat

ratón
muis

buey
os

perro
hond

casa dperro
hondenhok

manguera
tuinslang

regadera
gieter

guadaña
zeis

arado
ploeg

hoz

sikkel

azadón

schoffel

horquilla

hooivork

hacha

bijl

carretilla

kruiwagen

bebedero

trog

bote de leche

melkkan

saco

zak

valla

hek

establo

stal

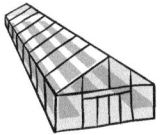

invernadero

broeikas

suelo

bodem

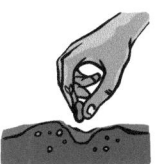

semilla

zaad

fertilizador

mest

cosechadora

maaidorser

cosechar

oogsten

cosecha

oogst

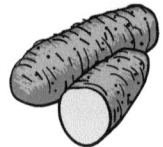

camote

yam

trigo

tarwe

soja

soja

patata

aardappel

maíz

maïs

semilde colza

koolzaad

árbol frutal

fruitboom

mandioca

maniok

cereales

graan

casa
huis

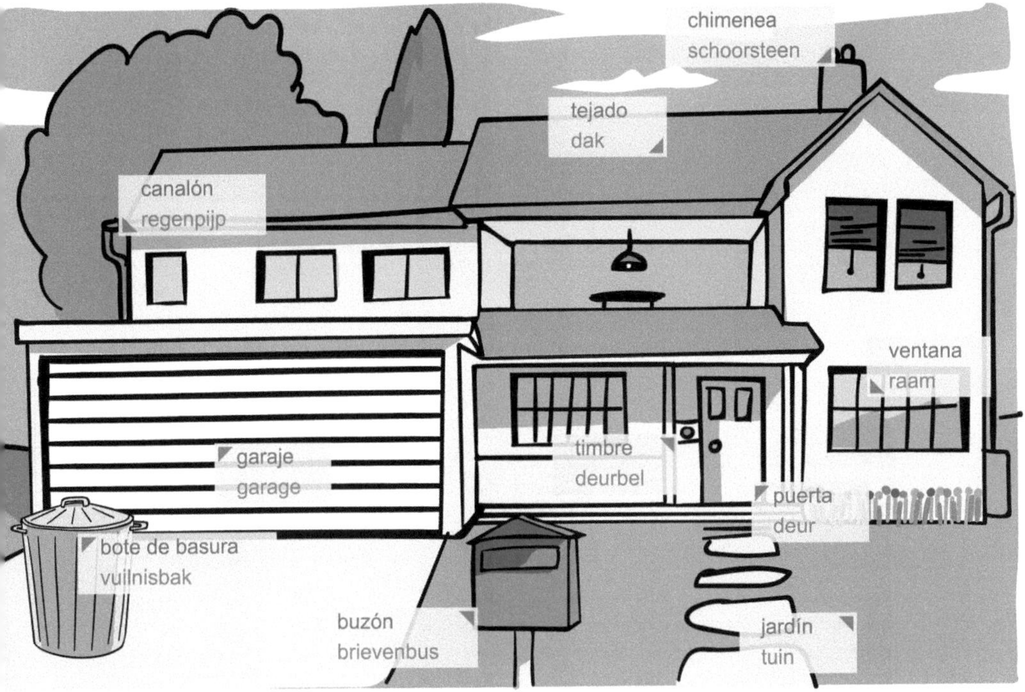
chimenea
schoorsteen
tejado
dak
canalón
regenpijp
ventana
raam
garaje
garage
timbre
deurbel
puerta
deur
bote de basura
vuilnisbak
buzón
brievenbus
jardín
tuin

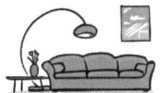

estancia

woonkamer

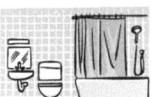

baño

badkamer

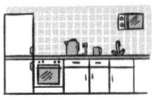

cocina

keuken

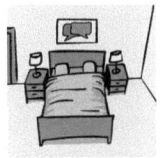

recámara

slaapkamer

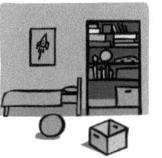

recámara de los niños

kinderkamer

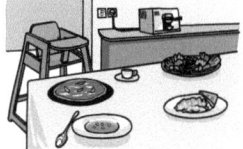

comedor

eetkamer

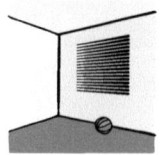

suelo

vloer

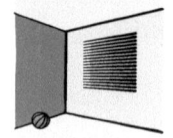

pared

muur

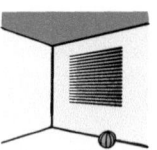

techo

plafond

sótano

kelder

sauna

sauna

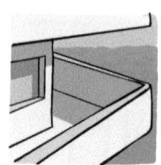

balcón

balkon

terraza

terras

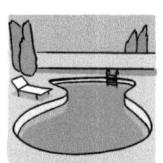

alberca

zwembad

cortacésped

grasmaaier

sábana

dekbedovertrek

colcha

dekbed

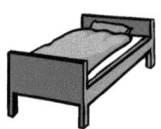

cama

bed

escoba

bezem

balde

emmer

interruptor

schakelaar

estancia
woonkamer

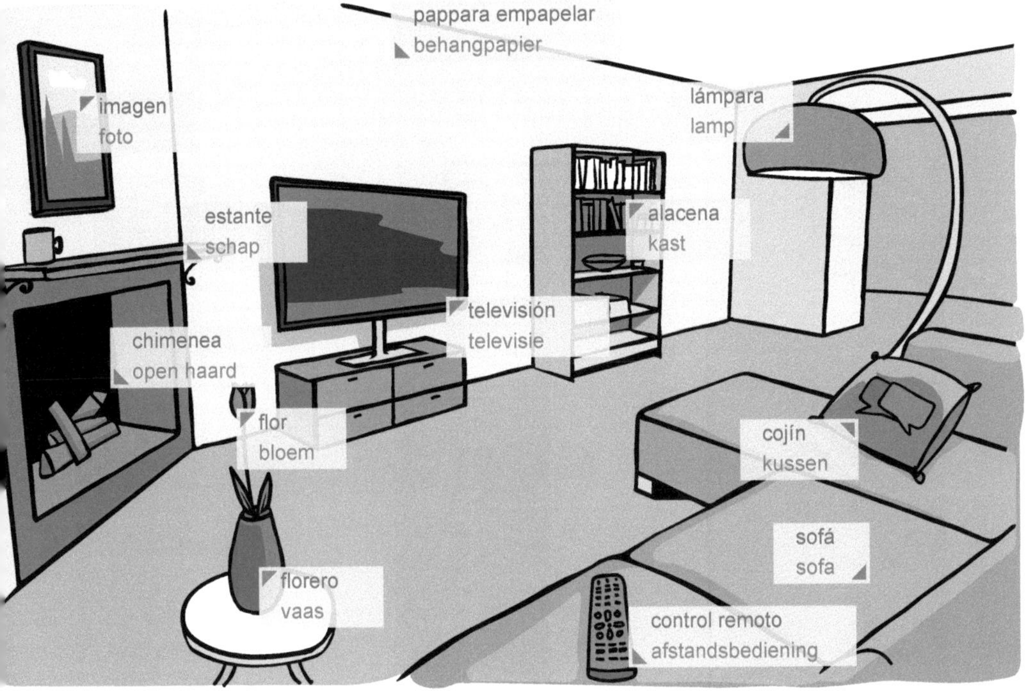

pappara empapelar
behangpapier
imagen
foto
lámpara
lamp
estante
schap
alacena
kast
televisión
televisie
chimenea
open haard
flor
bloem
cojín
kussen
sofá
sofa
florero
vaas
control remoto
afstandsbediening

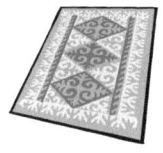

alfombra

mat

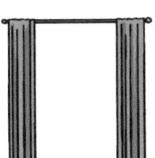

cortina

gordijn

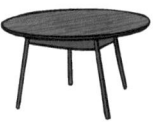

mesa

tafel

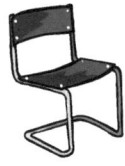

silla

stoel

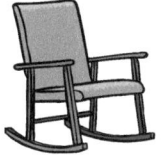

mecedora

schommelstoel

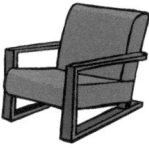

sillón

fauteuil

libro

boek

frazada

deken

decoración

decoratie

leña

brandhout

película

film

equipo de música

stereo-installatie

llave

sleutel

periódico

krant

pintura

schilderij

póster

poster

radio

radio

cuaderno

notitieboekje

aspiradora

stofzuiger

cactus

cactus

vela

kaars

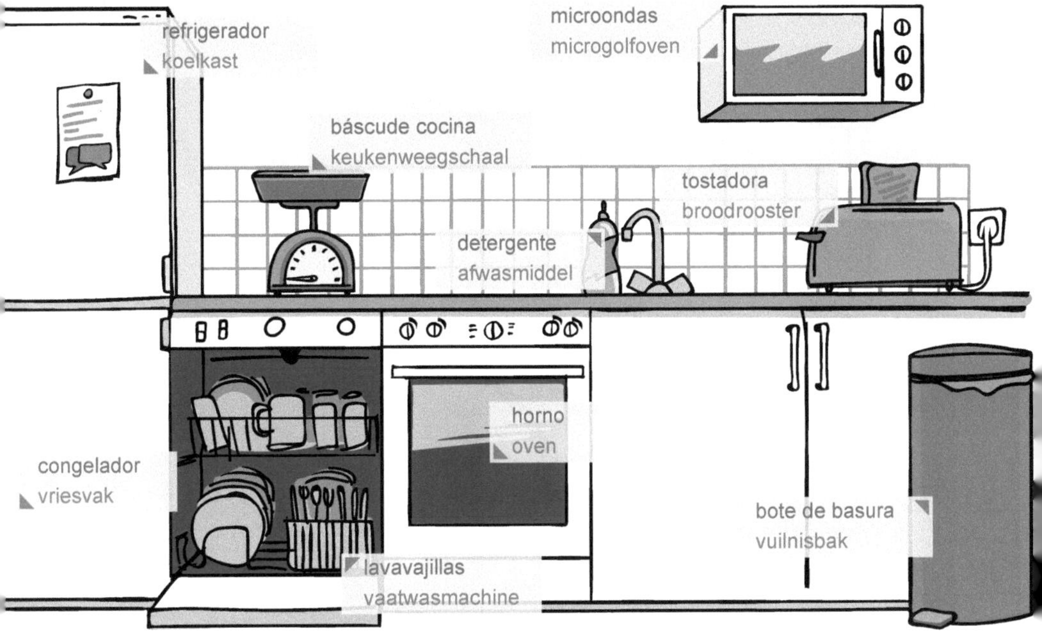

refrigerador
koelkast

microondas
microgolfoven

báscude cocina
keukenweegschaal

tostadora
broodrooster

detergente
afwasmiddel

horno
oven

congelador
vriesvak

bote de basura
vuilnisbak

lavavajillas
vaatwasmachine

opresión

fornuis

olla

pot

olde hierro fundido

gietijzeren pot

wok

wok / kadai

sartén

pan

hervidor

waterkoker

vaporera

stoomkoker

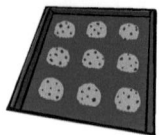

charode horno

bakplaat

loza

servies

taza

mok

bol

kom

palillos

eetstokjes

cucharón

pollepel

espátula

spatel

batidora

garde

colador

vergiet

colador

zeef

rallador

rasp

mortero

mortier

barbacoa

barbecue

fogata

haardvuur

tabpara picar

snijplank

rodillo para amasar

deegrol

sacacorchos

kurkentrekker

lata

blik

abrelatas

blikopener

guante de cocina

pannenlap

fregadero

gootsteen

cepillo

borstel

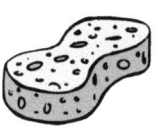

esponja

spons

batidora

blender

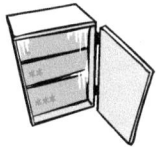

congelador

vriezer

biberón

papfles

llave

kraan

baño
badkamer

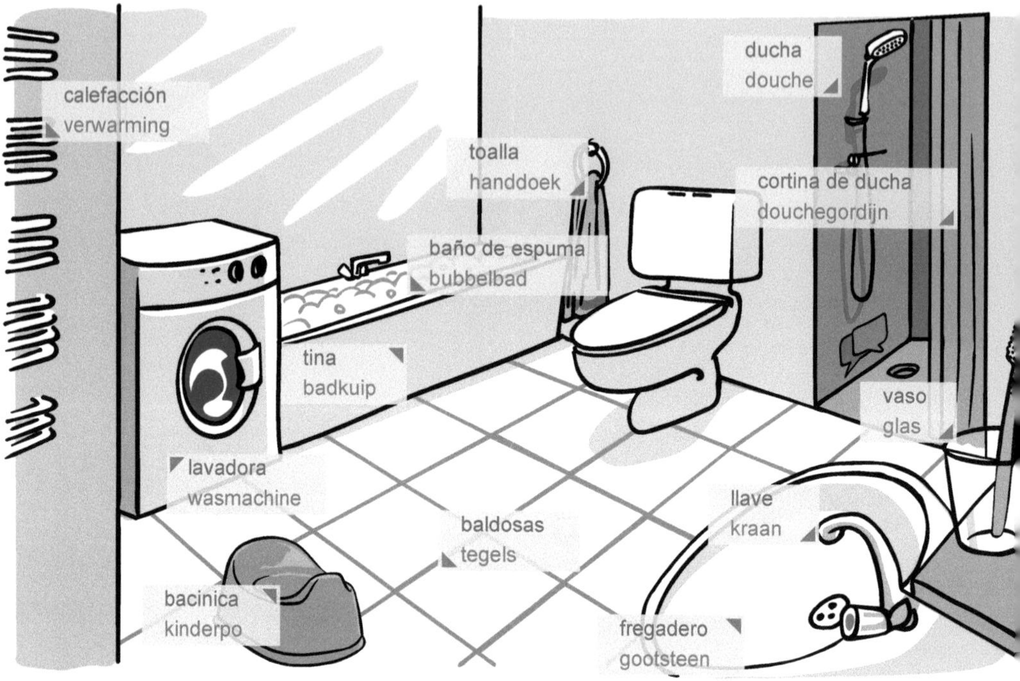
ducha
douche
calefacción
verwarming
toalla
handdoek
cortina de ducha
douchegordijn
baño de espuma
bubbelbad
tina
badkuip
vaso
glas
lavadora
wasmachine
llave
kraan
baldosas
tegels
bacinica
kinderpo
fregadero
gootsteen

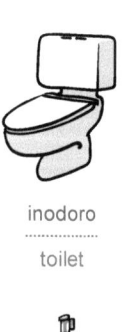

inodoro

toilet

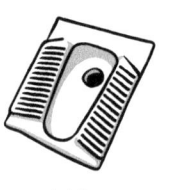

letrina

hurktoilet

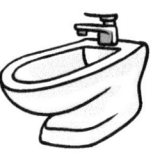

bidé

bidet

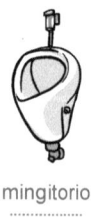

mingitorio

urinoir

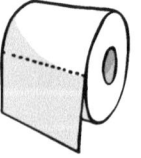

paphigiénico

toiletpapier

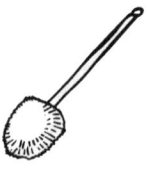

cepillo para baño

toiletborstel

cepillo de dientes

tandenborstel

pasta dental

tandpasta

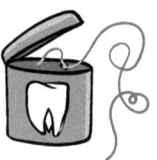

hilo dental

flosdraad

lavar

wassen

ducha de mano

handdouche

ducha vaginal

bidethanddouche

fregadero

waskom

cepillo de espalda

rugborstel

jabón

zeep

gde ducha

douchegel

champú

shampoo

toallita

washandje

drenaje

afvoer

crema

crème

desodorante

deodorant

espejo

spiegel

espejo de tocador

handspiegel

máquina para afeitar

scheermes

espuma de afeitar

scheerschuim

loción para después de afeitar

aftershave

peine

kam

cepillo

borstel

secadora

haardroger

laca

haarlak

maquillaje

make-up

lápiz labial

lippenstift

esmalte para uñas

nagellak

algodón

watten

tijeras para uñas

nagelknipper

perfume

parfum

estuche para cosméticos
....
toilettas

taburete
....
kruk

báscula
....
weegschaal

bata
....
badjas

guantes de goma
....
latex handschoenen

tampón
....
tampon

toalsanitaria
....
maandverband

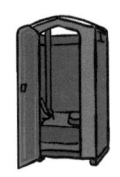

baño móvil
....
chemisch toilet

recámara de los niños
kinderkamer

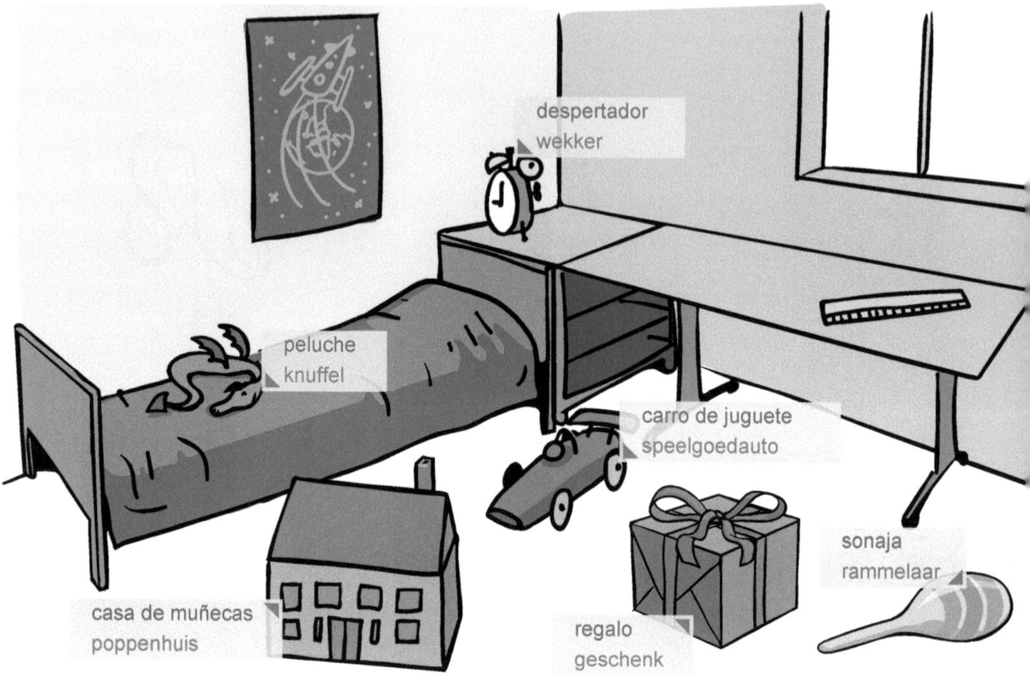
despertador
wekker
peluche
knuffel
carro de juguete
speelgoedauto
sonaja
rammelaar
casa de muñecas
poppenhuis
regalo
geschenk

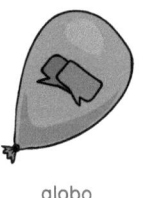

globo

ballon

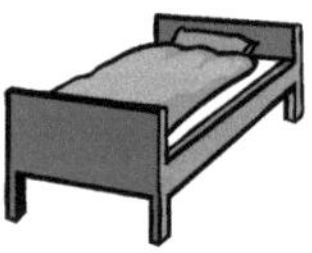

cama

bed

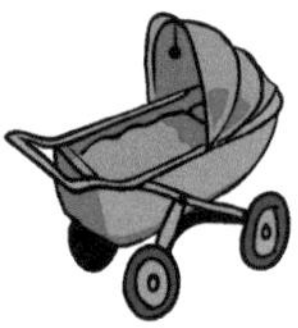

carriola

kinderwagen

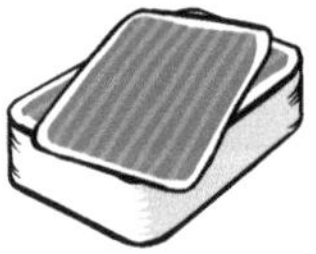

cartas

spel kaarten

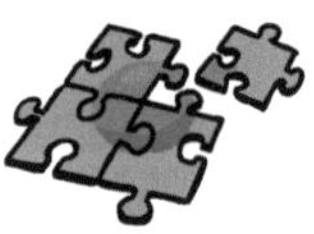

rompecabezas

puzzel

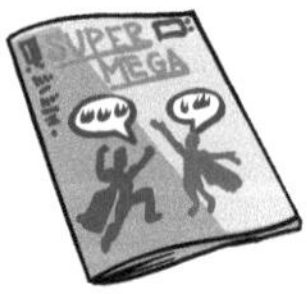
SUPER
MEGA

cómic

stripboek

piezas de lego
legoblokjes

bloques para jugar
blokken

figura de acción
actiefiguur

mameluco
kruippakje

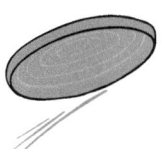

frisbee
frisbee

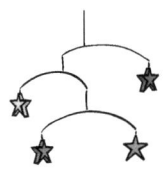

móvil para bebés
mobiel

juego de mesa
bordspel

dados
dobbelsteen

tren eléctrico
modelspoorweg

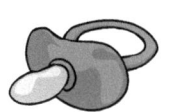

maniquí
fopspeen

fiesta
feest

álbum de fotos
prentenboek

balón
bal

muñeca
pop

jugar
spelen

arenero

zandbak

columpio

schommel

juguetes

speelgoed

consode videojuegos

spelconsole

triciclo

driewieler

oso de peluche

knuffelbeer

clóset

kleerkast

ropa

kleding

calcetines

sokken

pantimedias

kousen

mallas

maillot

bufanda
sjaal

paraguas
paraplu

playera
T-shirt

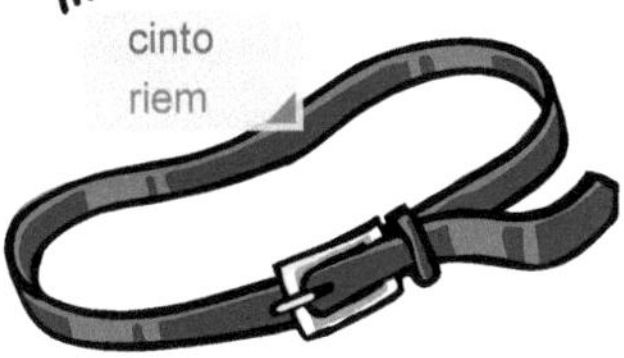

cinto
riem

chanclas
slippers

botas
laarzen

tenis
sneakers

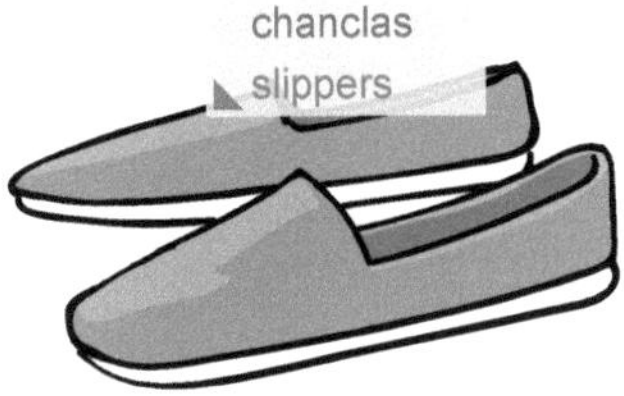

sandalias
sandalen

zapatos
schoenen

botas de goma
rubberlaarzen

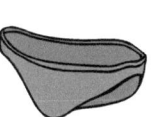

ropa interior
onderbroek

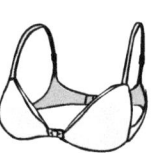

brasier
beha

chaleco
onderhemd

body
lichaam

pantalones
broek

pantalones de mezclilla
jeans

falda
rok

blusa
blouse

camisa
hemd

suéter
trui

sudadera
capuchontrui

saco sport
blazer

chamarra
jas

abrigo
jas

impermeable
regenjas

traje
kostuum

vestido
jurk

vestido de novia
trouwjurk

traje

pak

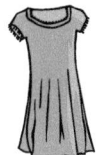

camisón

nachthemd

pijama

pyjama

sari

sari

pañuelo para cabeza

hoofddoek

turbante

tulband

burka

boerka

caftán

kaftan

abaya

abaya

traje de baño

badpak

short de baño

zwembroek

shorts

short

pants

trainingspak

delantal

schort

guantes

handschoenen

botón
knoop

gafas
bril

brazalete
armband

collar
ketting

anillo
ring

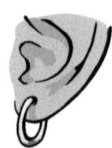

arete
oorbel

gorra
pet

gancho
kapstok

sombrero
hoed

corbata
das

cierre
rits

casco
helm

tirantes
bretellen

uniforme
schooluniform

uniforme
uniform

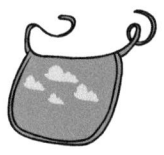

babero
....
slabbetje

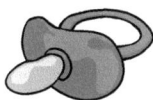

maniquí
....
fopspeen

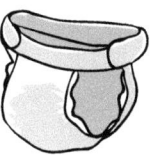

pañal
....
luier

oficina
kantoor

servidor
server
archivo
dossierkast
impresora
printer
pap
papier
monitor
monitor
mouse
muis
escritorio
bureau
carpeta
map
teclado
toestenbord
silla
stoel
bote de basura
papiermand
computadora
computer

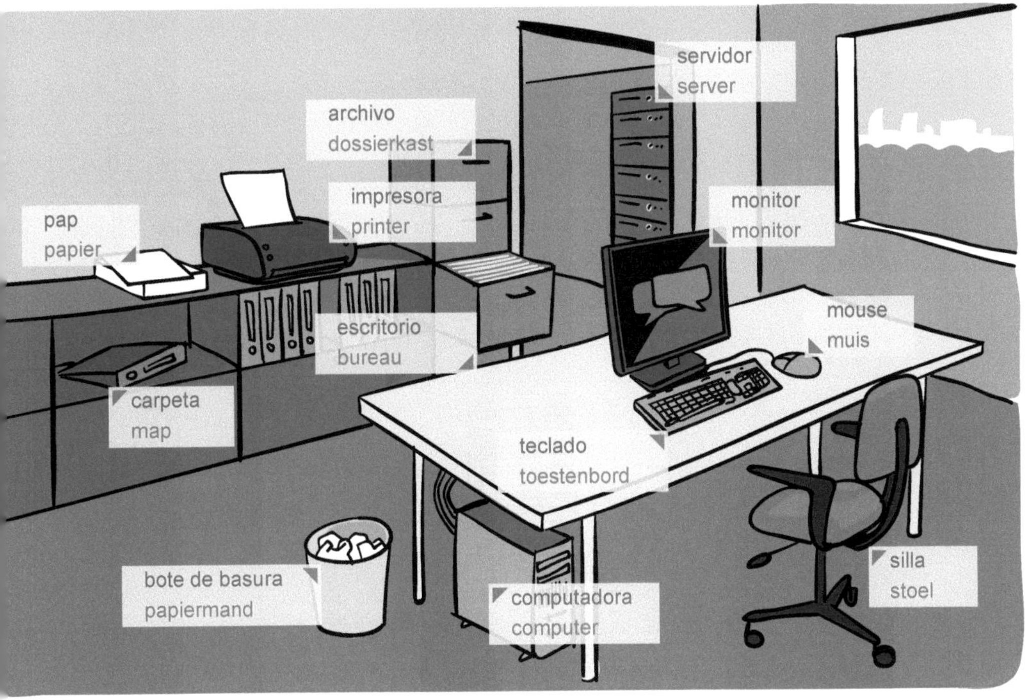

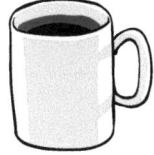

taza de café
....
koffiemok

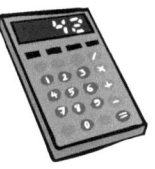

calculadora
....
rekenmachine

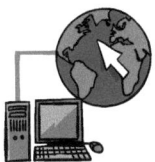

internet
....
internet

notebook

laptop

carta

brief

mensaje

bericht

móvil

gsm

red

netwerk

fotocopiadora

kopieerapparaat

software

software

teléfono

telefoon

tomacorriente

stopcontact

fax

fax

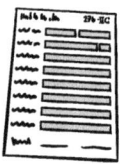

formulario

formulier

documento

document

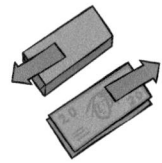

comprar
kopen

pagar
betalen

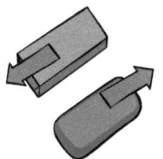

hacer negocios
handelen

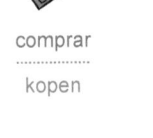

dinero
geld

USD

dólar
dollar

EUR

euro
euro

JPY

yen
yen

RUB

rublo
roebel

CHF

franco suizo
Zwitserse frank

CNY

yuan
Chinese renminbi

INR

rupia
roepie

cajero automático
geldautomaat

casa de cambio

wisselkantoor

oro

goud

plata

zilver

petróleo

olie

energía

energie

precio

prijs

contrato

contract

impuesto

belasting

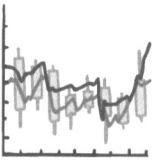

acción

aandeel

trabajar

werken

empleado

werknemer

empleador

werkgever

fábrica

fabriek

tienda

winkel

ocupaciones
beroepen

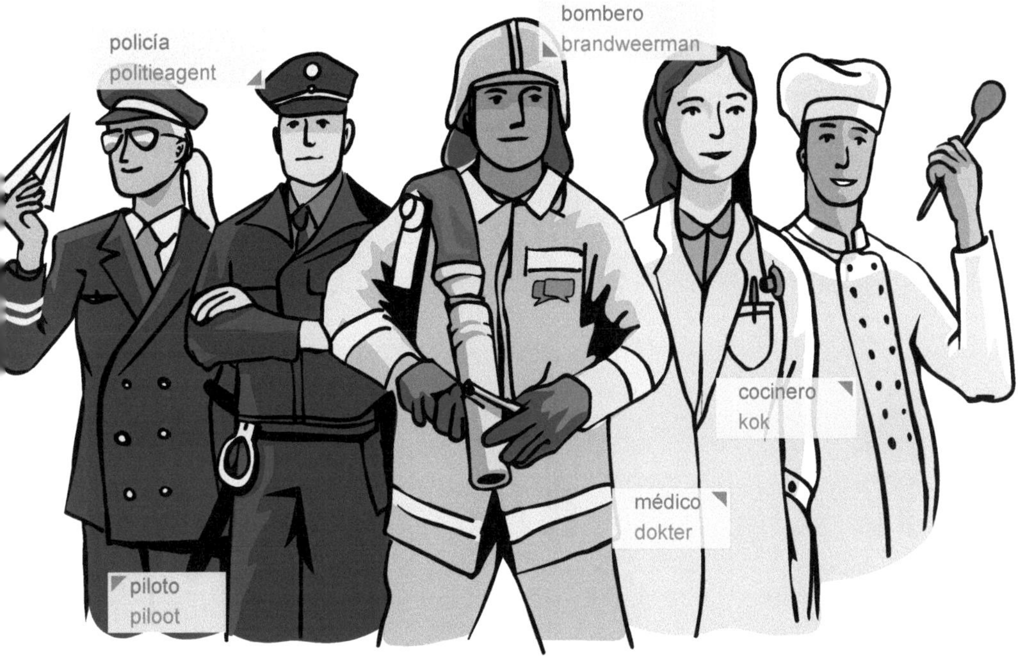
policía
politieagent
bombero
brandweerman
cocinero
kok
médico
dokter
piloto
piloot

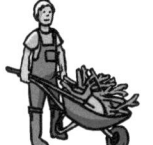

jardinero

tuinman

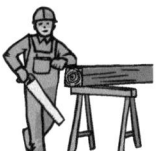

carpintero

timmerman

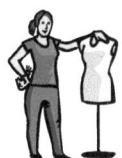

costurera

naaister

juez

rechter

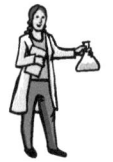

farmacéutico

chemicus

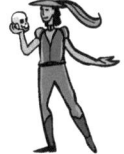

actor

acteur

conductor de autobús

buschauffeur

taxista

taxichauffeur

pescador

visser

señora de limpieza

schoonmaakster

instalador de techos

dakdekker

camarero

ober

cazador

jager

pintor

schilder

panadero

bakker

electricista

elektricien

obrero

bouwvakker

ingeniero

ingenieur

carnicero

slager

plomero

loodgieter

cartero

postbode

soldado

soldaat

arquitecto

architect

cajero

kassier

florista

bloemist

peluquero

kapper

cobrador

conducteur

mecánico

mecanicien

capitán

kapitein

dentista

tandarts

científico

wetenschapper

rabino

rabbijn

imán

imam

monje

monnik

sacerdote

geestelijke

herramientas
werktuigen

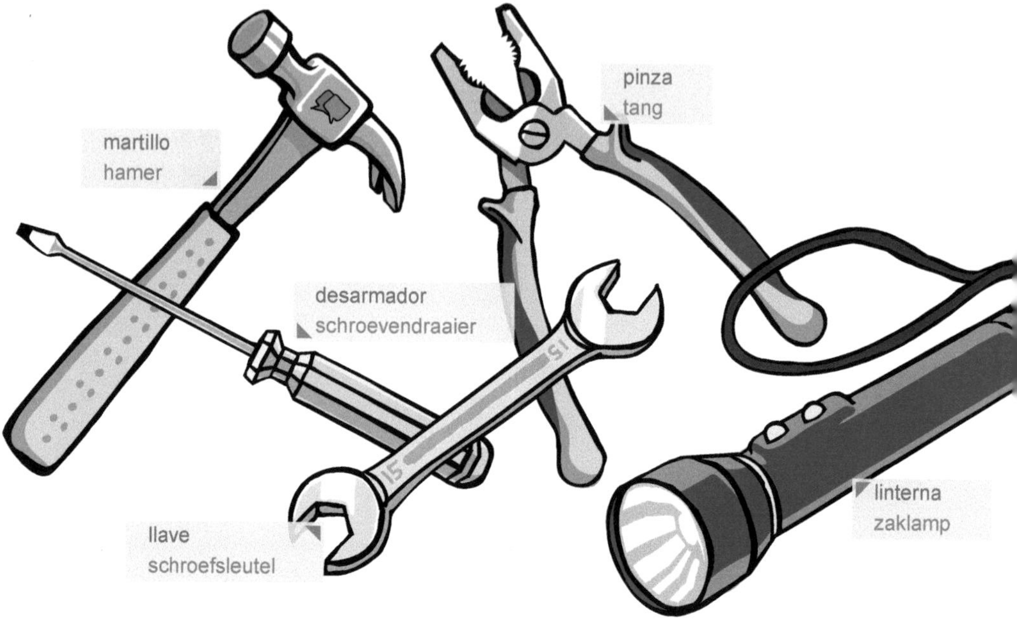
martillo
hamer
pinza
tang
desarmador
schroevendraaier
llave
schroefsleutel
linterna
zaklamp

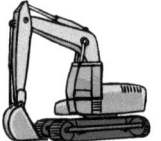

excavadora

graafmachine

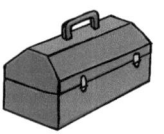

caja de herramientas

gereedschapskoffer

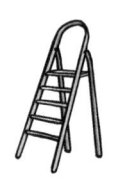

escalera de mano

ladder

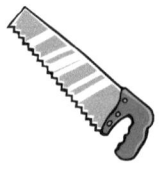

sierra

zaag

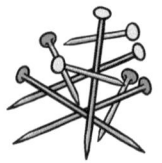

clavos

spijkers

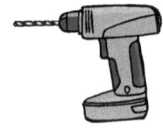

taladro

boormachine

reparar

repareren

pala

schop

¡Maldición!

Verdomme!

recogedor

blik

bote de pintura

verfpot

tornillos

schroeven

instrumentos musicales
muziekinstrumenten

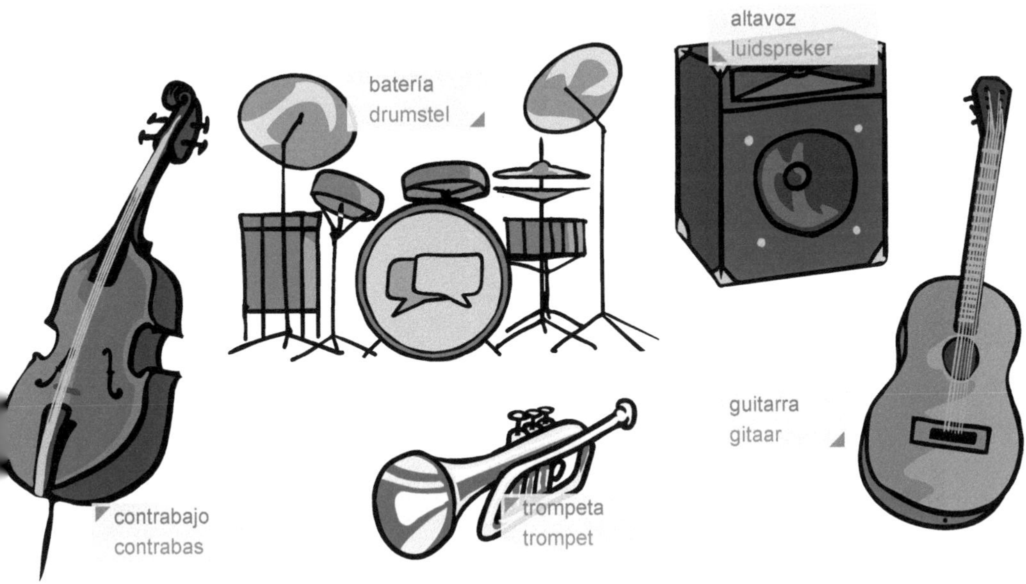

batería
drumstel

altavoz
luidspreker

contrabajo
contrabas

trompeta
trompet

guitarra
gitaar

piano

piano

violín

viool

bajo

basgitaar

timbales

pauk

tambor

trommels

teclado

keyboard

saxofón

saxofoon

flauta

fluit

micrófono

microfoon

zoológico

zoo

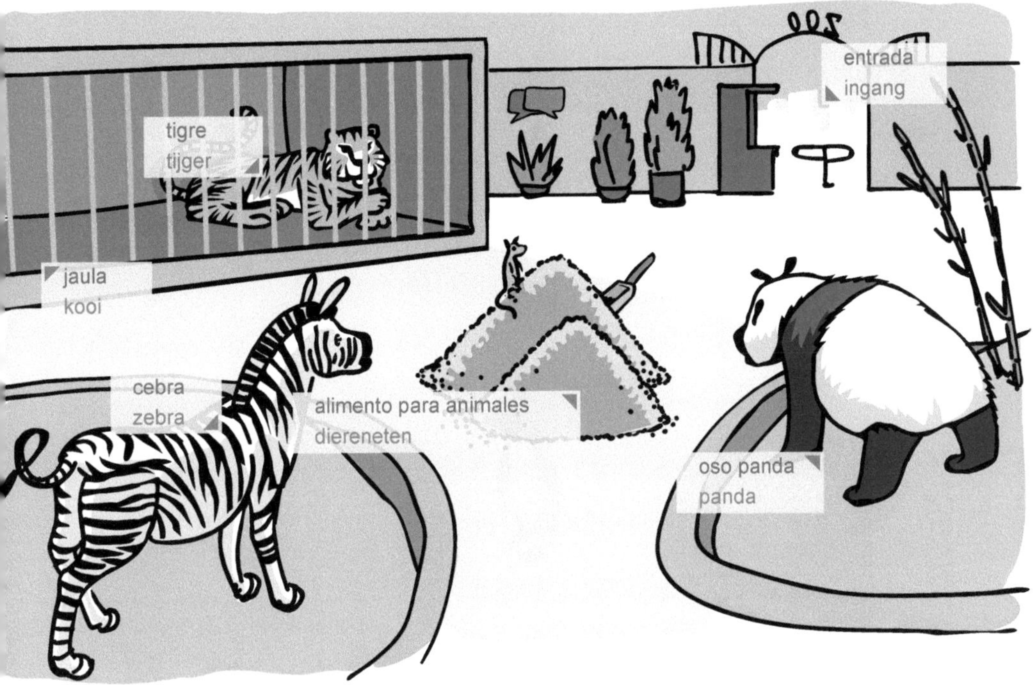

entrada
ingang
tigre
tijger
jaula
kooi
cebra
zebra
alimento para animales
diereneten
oso panda
panda

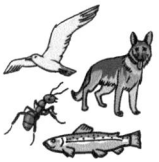

animales

dieren

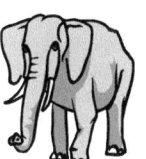

elefante

olifant

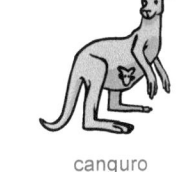

canguro

kangoeroe

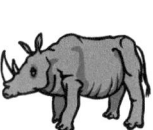

rinoceronte

neushoorn

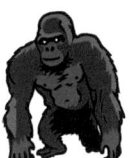

gorila

gorilla

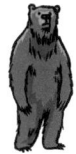

oso

beer

camello
kameel

avestruz
struisvogel

león
leeuw

mono
aap

flamenco
flamingo

loro
papegaai

oso polar
ijsbeer

pingüino
pinguïn

tiburón
haai

pavo real
pauw

serpiente
slang

cocodrilo
krokodil

guardián de zoológico
dierenverzorger

foca
zeehond

jaguar
jaguar

poni

pony

leopardo

luipaard

hipopótamo

nijlpaard

jirafa

giraffe

águila

adelaar

jabalí

wild zwijn

pescado

vis

tortuga

zeeschildpad

morsa

walrus

zorro

vos

gacela

gazelle

zoológico - zoo

fútbol americano
rugby

ciclismo
wielrennen

tenis
tennis

baloncesto
basketbal

natación
zwemmen

boxeo
boksen

hockey sobre hielo
ijshockey

fútbol
voetbal

bádminton
badminton

atletismo
atletiek

handball
handbal

esquí
skiën

polo
polo

reír
lachen

saltar
springen

abrazar
knuffelen

caminar
wandelen

cantar
zingen

soñar
dromen

rezar
bidden

besar
kussen

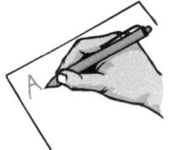

escribir
schrijven

dibujar
tekenen

mostrar
tonen

empujar
duwen

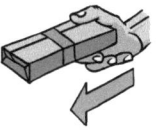

dar
geven

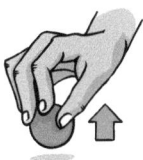

tomar
nemen

tener

hebben

hacer

doen

ser

zijn

estar parado

staan

correr

lopen

jalar

trekken

arrojar

gooien

caer

vallen

estar acostado

liggen

esperar

wachten

llevar

dragen

estar sentado

zitten

vestirse

aankleden

dormir

slapen

despertar

ontwaken

mirar

kijken naar

llorar

wenen

acariciar

aaien

peinar

kammen

hablar

praten

entender

begrijpen

preguntar

vragen

escuchar

luisteren

beber

drinken

comer

eten

ordenar

opruimen

amar

houden van

cocinar

koken

conducir

rijden

volar

vliegen

navegar

zeilen

calcular

rekenen

leer

Lezen

aprender

leren

trabajar

werken

casarse

trouwen

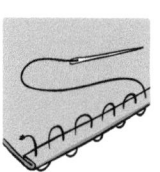

coser

naaien

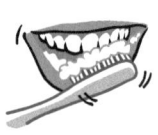

cepillarse los dientes

tandenpoetsen

matar

doden

fumar

roken

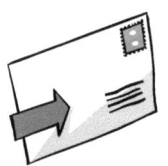

enviar

sturen

familia
familie

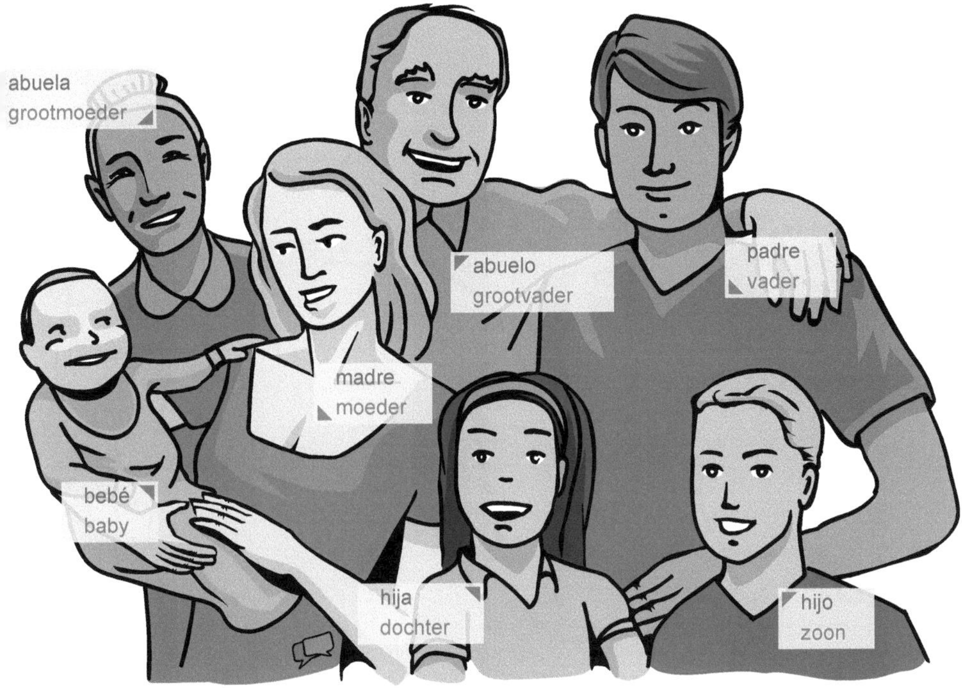

abuela
grootmoeder
abuelo
grootvader
padre
vader
madre
moeder
bebé
baby
hija
dochter
hijo
zoon

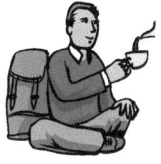

invitado

gast

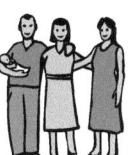

tía

tante

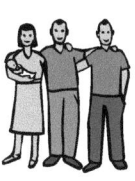

tío

oom

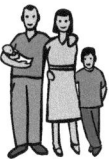

hermano

broer

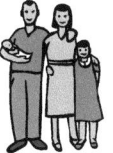

hermana

zus

cuerpo
lichaam

frente
voorhoofd
ojo
oog
hombro
schouder
dedo
vinger
cara
gezicht
barbilla
kin
mano
hand
pierna
been
pecho
borst
brazo
arm

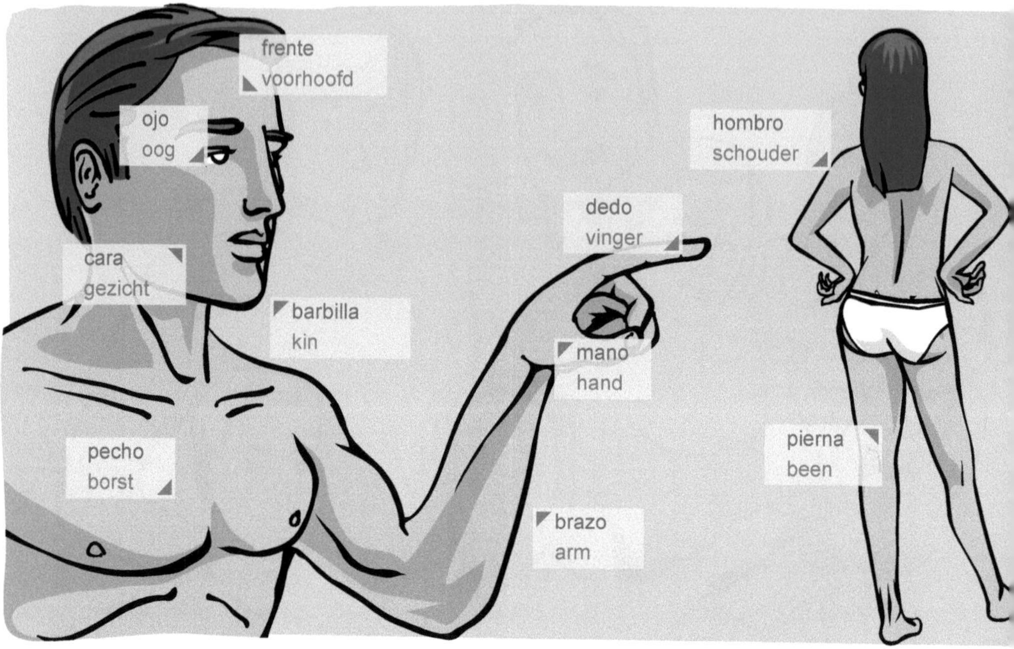

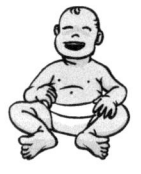

bebé

baby

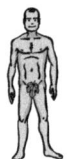

hombre

man

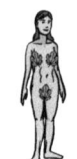

mujer

vrouw

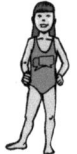

niña

meisje

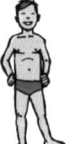

niño

jongen

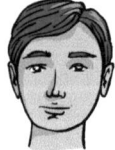

cabeza

hoofd

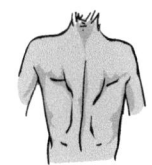

espalda

rug

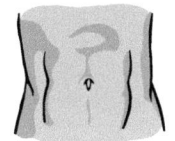

barriga

buik

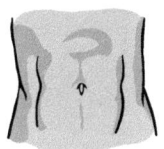

ombligo

navel

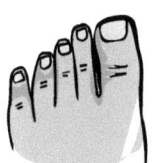

dedo dpie

teen

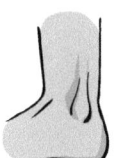

talón

hiel

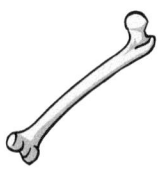

hueso

bot

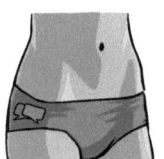

cadera

heup

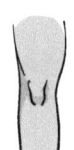

rodilla

knie

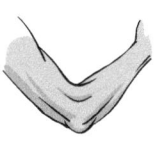

codo

elleboog

nariz

neus

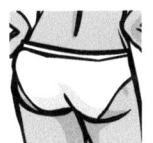

pompis

zitvlak

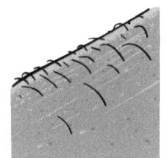

piel

huid

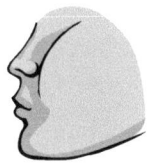

mejilla

wang

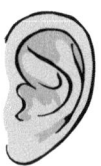

oído

oor

labio

lip

cuerpo - lichaam

boca
mond

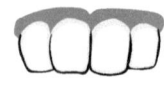

diente
tand

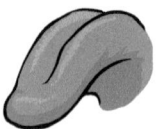

lengua
tong

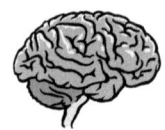

cerebro
hersenen

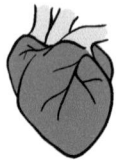

corazón
hart

músculo
spier

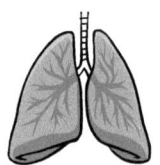

pulmón
long

hígado
lever

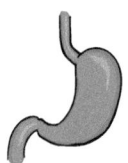

estómago
maag

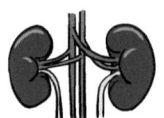

riñones
nieren

sexo
seks

condón
condoom

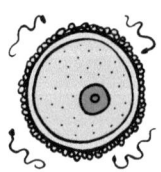

óvulo
eicel

semen
sperma

embarazo
zwangerschap

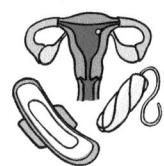

menstruación

menstruatie

vagina

vagina

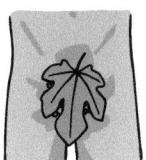

pene

penis

ceja

wenkbrauw

cabello

haar

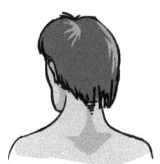

cuello

nek

hospital
ziekenhuis

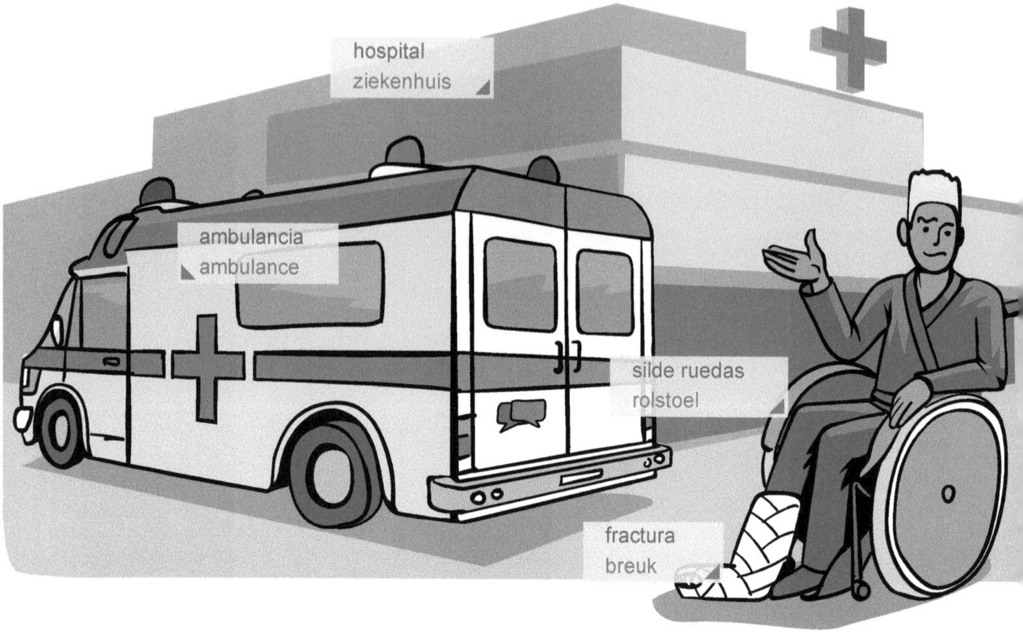

hospital
ziekenhuis
ambulancia
ambulance
silde ruedas
rolstoel
fractura
breuk

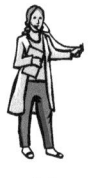

médico

dokter

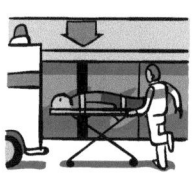

sade emergencias

spoed

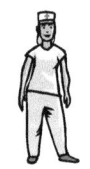

enfermera

verpleegkundige

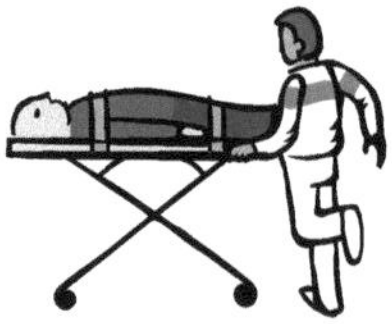

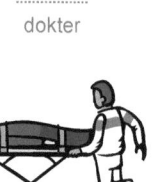

emergencia

noodgeval

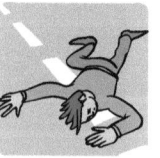

inconsciente

bewusteloos

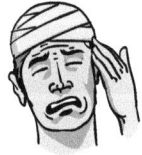

dolor

pijn

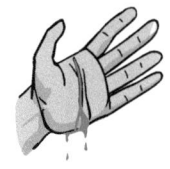

lesión

verwonding

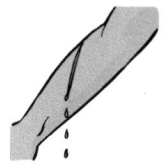

hemorragia

bloeding

infarto

hartaanval

ccidente cerebrovascular

beroerte

alergia

allergie

tos

hoest

fiebre

koorts

gripa

griep

diarrea

diarree

dolor de cabeza

hoofdpijn

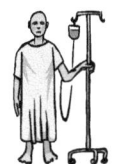

cáncer

kanker

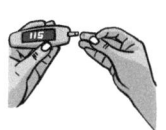

diabetes

diabetes

cirujano

chirurg

bisturí

scalpel

operación

operatie

TC
CT

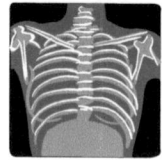

rayos x
röntgenstraal

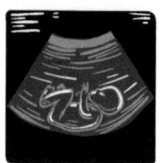

ultrasonido
ultrageluid

mascarilla
gezichtsmasker

enfermedad
ziekte

sade espera
wachtkamer

muleta
kruk

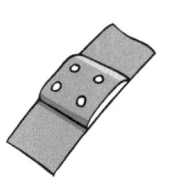

vendita
pleister

vendaje
verband

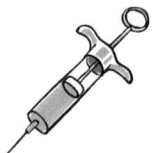

inyección
injectie

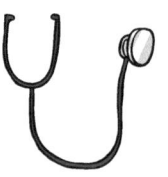

estetoscopio
stethoscoop

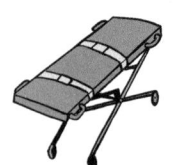

camilla
brancard

termómetro
thermometer

nacimiento
geboorte

sobrepeso
overgewicht

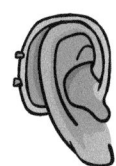

audífono
·······················
hoorapparaat

desinfectante
·······················
ontsmettingsmiddel

infección
·······················
infectie

virus
·······················
virus

VIH / SIDA
·······················
HIV / AIDS

medicina
·······················
medicijn

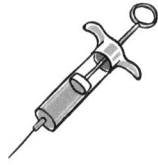

vacunación
·······················
vaccinatie

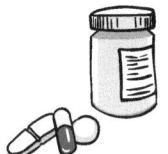

tabletas
·······················
tabletten

pastilanticonceptiva
·······················
pil

llamada de emergencia
·······················
noodoproep

medidor de presión
·······················
bloeddrukmeter

enfermo / sano
·······················
ziek / gezond

¡Socorro!

Help!

alarma

alarm

agresión

overval

ataque

aanval

peligro

gevaar

salida de emergencia

nooduitgang

¡Fuego!

Brand!

extintor de incendios

brandblusser

accidente

ongeval

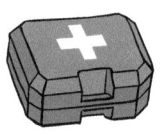

botiquín de primeros
auxilios

EHBO-kit

SOS

SOS

policía

politie

Europa

Europa

Norteamérica

Noord-Amerika

Sudamérica

Zuid-Amerika

África

Afrika

Asia

Azië

Australia

Australië

Atlántico

Atlantische Oceaan

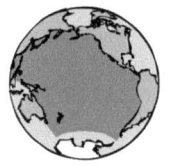

Pacífico

Stille Oceaan

Océano Índico

Indische Oceaan

Océano Antártico

Antarctische Oceaan

Océano Ártico

Arctische Oceaan

polo norte

Noordpool

polo sur

Zuidpool

Antártida

Antarctica

tierra

aarde

tierra

land

mar

zee

isla

eiland

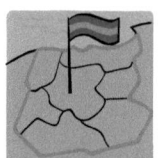

nación

natie

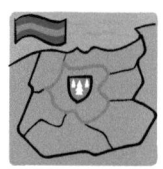

estado

staat

esfera

wijzerplaat

manecilde las horas

uurwijzer

minutero

minuutwijzer

segundero

secondewijzer

¿Qué hora es?

Hoe laat is het?

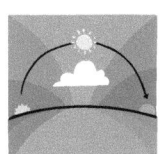

día

dag

hora

tijd

ahora

nu

reloj digital

digitale horloge

minuto

minuut

hora

uur

semana
week

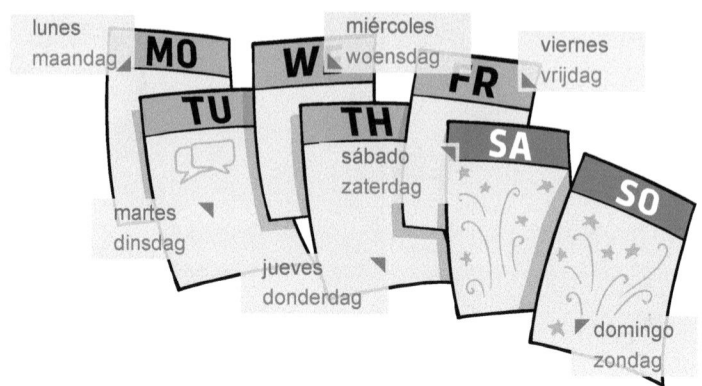

lunes
maandag

martes
dinsdag

miércoles
woensdag

jueves
donderdag

viernes
vrijdag

sábado
zaterdag

domingo
zondag

ayer
....
gisteren

hoy
....
vandaag

mañana
....
morgen

mañana
....
ochtend

mediodía
....
middag

tarde
....
avond

días laborables
....
werkdagen

fin de semana
....
weekend

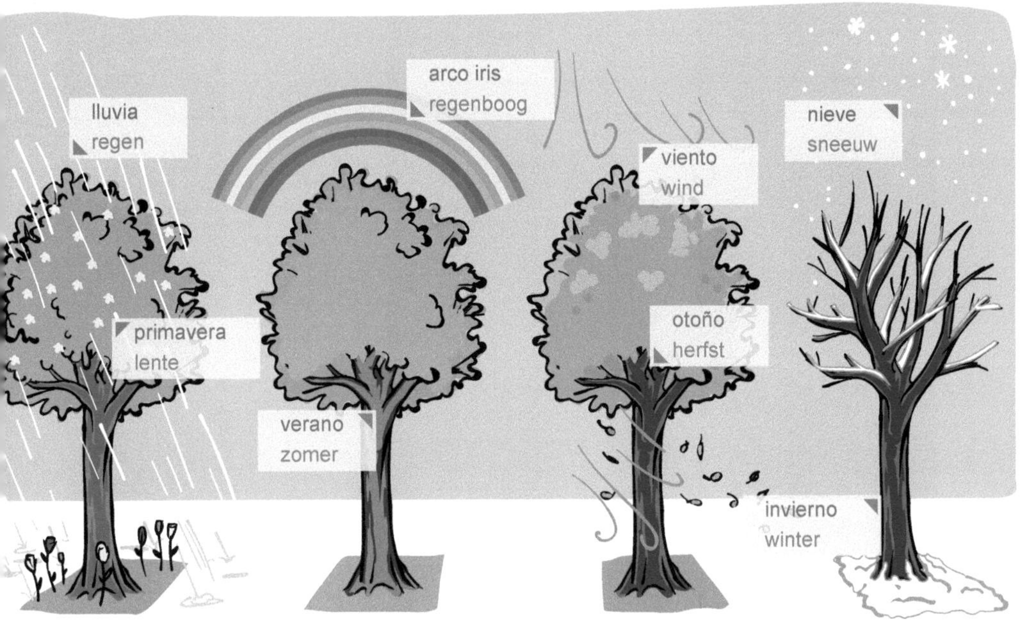

lluvia
regen

arco iris
regenboog

nieve
sneeuw

viento
wind

primavera
lente

otoño
herfst

verano
zomer

invierno
winter

4.APRIL	11°	☀
5.APRIL	4°	☁
6.APRIL	13°	☁
7.APRIL	8°	☀
8.APRIL	10°	☀

pronóstico dtiempo
weervoorspelling

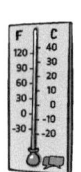

termómetro
thermometer

sol
zonneschijn

nube
wolk

niebla
mist

humedad
vochtigheid

rayo

bliksem

trueno

donder

tormenta

storm

granizo

hagel

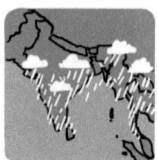

monzón

moesson

inundación

overstroming

hielo

ijs

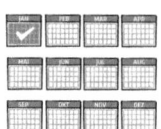

enero

januari

febrero

februari

marzo

maart

abril

april

mayo

mei

junio

juni

julio

juli

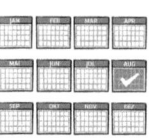

agosto

augustus

septiembre
....
september

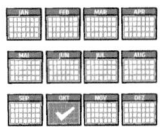

octubre
....
oktober

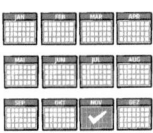

noviembre
....
november

diciembre
....
december

formas
vormen

círculo
....
cirkel

cuadrado
....
kwadraat

rectángulo
....
rechthoek

triángulo
....
driehoek

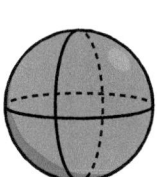

esfera
....
bol

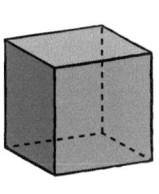

cubo
....
kubus

blanco

wit

amarillo

geel

naranja

oranje

rosa

roze

rojo

rood

morado

paars

azul

blauw

verde

groen

marrón

bruin

gris

grijs

negro

zwart

mucho / poco

veel / weinig

enojado / tranquilo

boos / kalm

bonito / feo

mooi / lelijk

principio / fin

begin / einde

grande / pequeño

groot / klein

claro / oscuro

licht / donker

hermano / hermana

broer / zus

limpio / sucio

proper / vuil

completo / incompleto

volledig / onvolledig

día / noche

dag / nacht

muerto / vivo

dood / levend

ancho / angosto

breed / smal

comestible / no comestible

eetbaar / oneetbaar

malo / amable

kwaadaardig / vriendelijk

entusiasmado / aburrido

opgewonden / verveeld

gordo / delgado

dik / dun

primero / último

eerst / laatst

amigo / enemigo

vriend / vijand

lleno / vacío

vol / leeg

duro / blando

hard / zacht

pesado / ligero

zwaar / licht

hambre / sed

honger / dorst

enfermo / sano

ziek / gezond

ilegal / legal

illegaal / legaal

inteligente / tonto

intelligent / dom

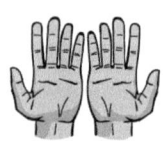

izquierda / derecha

links / rechts

cerca / lejos

dichtbij / veraf

nuevo / usado

nieuw / gebruikt

nada / algo

niets / iets

viejo / joven

oud / jong

encendido / apagado

aan / uit

abierto / cerrado

open / dicht

silencioso / ruidoso

stil / luid

rico / pobre

rijk / arm

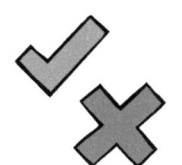

correcto / incorrecto

juist / fout

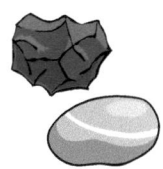

áspero / suave

ruw / glad

triste / contento

droevig / blij

corto / largo

kort / lang

lento / rápido

traag / snel

húmedo / seco

nat / droog

caliente / frío

warm / koud

guerra / paz

oorlog / vrede

números

0

cero

nul

1

uno

één

2

dos

twee

3

tres

drie

4

cuatro

vier

5

cinco

vijf

6

seis

zes

7

siete

zeven

8

ocho

acht

9

nueve

negen

10

diez

tien

11

once

elf

12

doce
....
twaalf

13

trece
....
dertien

14

catorce
....
veertien

15

quince
....
vijftien

16

dieciséis
....
zestien

17

diecisiete
....
zeventien

18

dieciocho
....
achtien

19

diecinueve
....
negentien

20

veinte
....
twintig

100

cien
....
honderd

1.000

mil
....
duizend

1.000.000

millón
....
miljoen

inglés
Engels

inglés americano
Amerikaans Engels

chino mandarín
Chinees (Mandarijn)

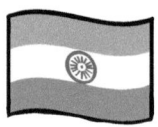

hindi
Hindi

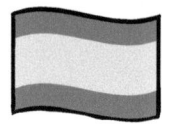

español
Spaans

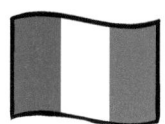

francés
Frans

árabe
Arabisch

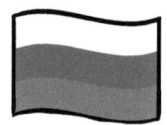

ruso
Russisch

portugués
Portugees

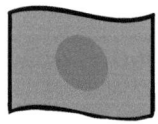

bengalí
Bengali

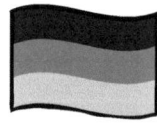

alemán
Duits

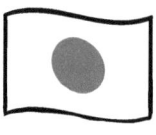

japonés
Japans

yo

ik

tú

u

él / ella

hij / zij / het

nosotros

wij

vosotros

u

ellos

ze

¿quién?

wie?

¿qué?

wat?

¿cómo?

hoe?

¿dónde?

waar?

¿cuándo?

wanneer?

nombre

naam

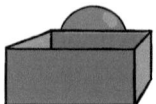

detrás

achter

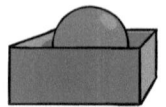

en

in

delante de

voor

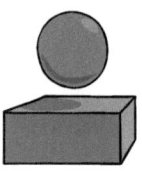

por encima de

boven

sobre

op

debajo de

onder

junto a

naast

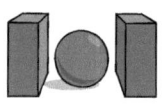

entre

tussen

lugar

plaats